지혜로운 삶을 위한
15가지 만트라

지혜로운 삶을 위한
15가지 만트라

초판 1쇄 발행 | 2023년 03월 25일
지은이 | 박영만
펴낸곳 | 프리윌출판사
기　획 | 김형순
관　리 | 임인엽
홍　보 | 박혜린
디자인 · 편집 | 김경진
마케팅 | 박혜선
주　소 | 경기도 고양시 일산서구 대수길3 102동 403호
전　화 | 031-813-8303　팩스 | 031-922-8303
E-mail | freewillpym@naver.com
　　　　yangpa6@hanmail.net

값 10,000원

ⓒ 프리윌출판사, 2023
ISBN 979-11-6455-015-9 00120
※ 이 책의 저작권은 프리윌출판사가 소유합니다.
　무단 전재와 복제를 금합니다.

지혜로운 삶을 위한
15가지 만트라

… 이 책에 대하여

호주머니 속의 송곳은 가만히 있어도 밖으로 드러나고, 재능이 빼어난 사람은 숨어 있어도 사람들의 눈에 띄며, 우리의 삶을 지혜롭게 만드는 책은 아무리 작아도 빛나는 보배가 된다. 호주머니 속에 넣어도 빛이 새어 나오는 이 앙증맞은 콩책은 낭중지촉(囊中之燭)이다.

"자이 구루 데바 옴!(Jai guru deva om!)- 선지자여, 진정한 깨달음을 주소서!" 이 강력한 만트라 문구는 이 책의 주제를 관통하는 핵심 모토(motto)이다.

같은 시간, 같은 산비탈을 지나더라도 산삼은 간절한 사람에게만 보인다. 깨달음도 마찬가지다. 진리의 목마름이 간절한 사람에게는 이 책이 촛불이 되어, 보이지 않는 것을 보이게 할 것이고, 들리지 않는 것을 들리게 할 것이며, 느끼지 못하는 것을 느끼게 할 것이다. 그리하여 이렇게 얻어진 깨달음은 숭고한 삶의 리비도가 될 것이다.

15가지 짧은 우화나 일화를 모티브로, 그에 따른 만트라(mantra)를 제공하는 이 책은 우리가 지금까지 보편적으로 견지해 왔던 삶의 자세나 가치관을 전적으로 뒤흔들고 뒤집는다. 하지만 잠시 그 역설적 혼란을 가라앉히고, 가만히 통찰의 호흡을 가다듬으면 그것이 우리의 인생을 참되게 하는 진언(眞言)임을 깨닫게 될 것이다. 나아가 그 깨달음이 일으키는 공명 파동은 내 삶의 진정한 지혜 에너지가 될 것이다.

◆ 이 책을 다 읽고 난 다음, 마지막 페이지 〈ticket of wisdom〉에 서명하세요. 이 서명은 깨달음의 에너지를 수용하는 행위로, 여러분의 인생행로가 고비를 맞을 때마다 그 공명 파동이 아주 특별한 지혜와 승화 리비도를 제공할 것입니다.

담긴 내용들
(contents)

① 관념과 관점 (notion and viewpoint)   10

② 존재와 비존재 (existence and nonexistence)   26

③ 완전과 불완전 (perfection and imperfection)   48

④ 자유와 부자유 (freedom and restriction)   62

⑤ 아는 자 (someone who knowledgeable)   78

⑥ 미(美)와 에고 (beauty and ego)   100

⑦ 마야 (maya)   116

⑧ 거리나 분리 (distance or separation)   126

⑨ 믿음과 종교 (faith and religion)   138

⑩ 이념과 영혼 (ideology and soul)   152

⑪ 삶의 의미 (meaning of life)   172

⑫ 개화(開化) (be enlightened)   194

⑬ 존재의 이유 (reason for existence)   208

⑭ 내 안의 정체성 (identity within me)   214

⑮ 감사와 선물 (gratitude and present)   224

① 관념과 관점

notion and viewpoint

어떤 집에 도둑이 들었다.

도둑은 주인 남자가 깊이 잠들어 있는 것을 확인하고 나서 집안의 값나가는 물건들을 모조리 자루에 쓸어 담았다.
그러나 사실 주인 남자는 잠들어 있는 것이 아니었다.

주인 남자는 실눈을 뜨고 도둑이 하는 짓을 모두 지켜보고 있었다.
그러다 마침내 도둑이 자루를 메고 밖으로 나갈 때, 그도 슬그머니 잠자리에서 일어나 말없이 따라나섰다.

도둑은 뒤를 돌아보고 기절초풍을 했다.
"아니, 당신은 자고 있었던 게 아니요? 왜 나를 따라나서는 거요? 어서 들어가서 자시오!"

그러자 주인 남자가 대답했다.
"당신이 내 물건을 죄다 쓸어 담아 가는데 나보고 집에 남아서 잠이나 자라고요? 그런 말 하지 마시오. 난 이제 당신의 도움으로 이사를 하게 된 거요!"

도둑은 불현듯 '이거 대단한 진드기를 만났구나!' 하는 생각이 들었다. 그래서 자루를 내려놓으며 말했다.
"당신 물건들을 도로 가져가시오. 내 자루엔 다른 집에서 훔친 물건들도 섞여 있으니 당신 것만 추려가시오!"

그러자 주인 남자가 화를 내며 말했다.
"추려가라고? 나는 내 물건들만 고르기 싫소. 나를 데려가든지 아니면 당신이 가진 물건을 죄다 내놓든지 하시오!"

도둑은 너무나 어처구니가 없었다. 잘못 걸려들었다는 생각이 들었다.
"맙소사, 당신은 나보다 더 큰 도둑이군! 그런데 내가 물건을 훔칠 때는 왜 자는 척하고 가만히 있었던 거요?"

그러자 주인 남자가 대답했다.
"나는 남이 하는 일에 간섭하지 않소. 그게 내 원칙이오!"

도둑은 불현듯 걱정되는 바가 있어 이렇게 말했다.
"당신 같은 사람은 처음이오. 당신을 내 집으로 데려가면 당신은 틀림없이 내 주인이 될 것이고, 결국엔 내 마누라까지 차지하고 말 거요."

그러자 주인 남자가 말했다.
"우리 둘이 동업자가 되면 어떻겠소? 그러면 모든 걸 나누어 가질 수 있소. 나처럼 지혜로운 사람과 동업할 기회를 놓치지 마시오."

남자의 말에 도둑은 기가 확 질리고 말았다.
그래서 자루를 통째로 놓아둔 채 그대로 줄
행랑을 치고 말았다.

관념을 바꾸면 우주가 바뀐다.

우리는 이제 죽음의 문제에 대해서도 이렇게 생각할 수 있다.
 '우리는 다만 이사를 가는 것이다. 죽음은 오히려 새로운 세계로의 이동일지도 모른다. 육체에서는 이제 살 만큼 살았다. 70~80년 살았으니 이젠 거처를 옮길 때도 된 것이다.'

이처럼 관념을 바꾸면, 우리는 늙어가는 것과 죽음을 향해 가고 있는 것에 대하여 전혀 동요할 필요가 없다. 오히려 남자가 도둑을 지배하는 것처럼 우리는 죽음을 지배할 수 있다.

죽음에 대한 공포가 없을 때 우리는 전적으로 살기 시작한다. 죽음을 두려워하면 우리는 전적으로 죽어가는 것이며, 우리의 삶은 항상 죽음의 그림자 아래에 놓이게 될 것이다. 그러나 죽음은 단지 거처를 옮기는 것이라는 믿음의 의식을 끝까지 잃지 않는다면 죽음은 죽은 것이다.

2
존재와 비존재
existence and nonexistence

위대한 조각가 한 사람이 있었다.

그의 솜씨는 너무도 완벽해서 그가 어떤 사람의 조각상을 만들면, 그것은 마치 살아있는 것 같아서 누가 사람인지 누가 조각상인지 구별할 수가 없었다.

그런데 어떤 점성가가 그에게, 죽음이 다가오고 있으며, 곧 죽게 될 것이라고 예언했다.

조각가는 두려움에 사로잡혔고, 겁을 먹었다. 그는 어떻게든 죽음을 피하고 싶었다. 그래서 궁리 끝에 하나의 묘안을 찾아냈다.

조각가는 서둘러 자신과 똑같은 조각상 11개를 만들었다.

그리고 죽음의 사자가 그의 방문을 두드렸을 때, 얼른 자신의 11개의 조각상들 사이에 숨었다.

조각가의 방으로 들어온 죽음의 사자는 어리둥절했다. 그는 자신의 눈을 믿을 수가 없었다.
지금까지 이런 일이 일어난 경우는 한 번도 없었다. 이것은 창조의 원칙에 어긋나는 일이었다.

지금까지 신(神)은 완전히 똑같은 사람을 창조한 적이 없다. 신은 늘 독창적인 것만을 창조한다. 복사본은 신의 생산 라인이 아니다. 그런데 지금 무슨 일이 일어난 것인가? 12명의 인간이 완전히 똑같지 않은가?…

죽음의 사자는 고민에 빠졌다.
한 사람만 데리고 가야 하는데, 똑같이 생긴 12명의 인간 중 누구를 데리고 가야 할지 결정할 수가 없었다.

어쩔 수 없이 죽음의 사자는 혼자 신계 돌아와서 여쭈었다.
"신이시여, 도대체 어찌 된 일입니까? 똑같이 생긴 인간이 12명이나 있었습니다. 누구를 데리고 와야 할지 구별할 수가 없었어요"

그러자 신은 죽음의 사자를 가까이 불러 귓속말로 일렀다.
"내가 복사본들 사이에서 원본을 찾아내는 방법을 알려주겠다. 너는 조각가의 방으로 가서 한 가지 만트라(Mantra)만을 입 밖에 내라."

"만트라라구요? 그게 뭐죠?"
죽음의 사자는 언뜻 알아들을 수 없어 신께
여쭈었다.

신이 대답했다.

"만트라는 주문(呪文)이다. 너는 내가 시키는 대로 조각가의 방으로 가서 이렇게 주문을 외워라.

'한 가지만 빼고 모든 것이 완벽하군. 당신은 아주 잘했어. 그런데 한 가지만은 실수를 했어!'"

죽음의 사자는 다시 이승으로 내려왔다.
그는 만트라가 어떤 결과를 초래할지 자못
궁금했다.

죽음의 사자는 마침내 조각가의 방으로 가서 주위를 둘러보고 난 다음, 신이 시킨 대로 큰 소리로 주문을 외웠다.
"한 가지만 **빼고** 모든 것이 완벽하군. 당신은 아주 잘했어. 그런데 한 가지만은 실수를 했어!"

그러자 그 순간, 조각가는 자신이 11개의 조각상들 사이에 숨어 있다는 사실을 까맣게 잊어버렸다.
그래서 갑자기 조각상들 사이에서 뛰쳐나오며 죽음의 사자에게 물었다.
"그 한 가지 실수가 뭐죠?"

바로 그때, 죽음의 사자는 기회를 놓치지 않고 잽싸게 조각가의 덜미를 잡으며 중얼거렸다.
"이것이 바로 인간의 한 가지 실수군! 인간은 누구나 완전히 에고(ego)를 버리지 못한단 말이야!"

만트라(Mantra) : 영적 또는 물리적 변형을 일으킬 수 있다고 여기는 말(言)이나 주문(呪文) - 진언(眞言)

mäntra

조각가는 자신이 완전히 비존재(非存在) 속으로 사라질 수 없었기 때문에 잡혔다.

죽음은 에고(ego)에서 나온다. 에고가 존재하면 죽음은 존재한다. 그러나 에고가 존재하지 않으면 죽음은 존재하지 않는다. 우리가 하나의 존재라고 생각하면 우리는 죽을 것이다. 그러나 우리가 자신을 존재하지 않는 것으로 생각하면 죽음이란 없다. 그렇게 생각하는 순간 우리는 불멸(deathless)이 된다.

이 것은 기독교의 '영생'과도 통한다.
"내 안에 내가 없고 오직 그리스도의 성령만이 있음이여, 그리스도는 형상이 아니라 진리요 빛이요 사랑이기 때문에 그는 영원하도다. 멜기세덱의 반차를 따라 이 땅에 오신 그리스도의 영원한 제사에 의하여 나는 죽음에서 벗어났고 영생의 은혜를 입었도다."

③ 완전과 불완전

Perfection and Imperfection

지네의 다리를 본 토끼는 놀라움을 금할 수가 없었다.

그것은 정말로 불가능해 보였다.

'어떻게 저 많은 다리들을 조종할 수 있을까? 제일 먼저 움직여야 할 다리는 어느 것이고, 두 번째로 움직여야 할 다리는 어느 것이고, 세 번째로 움직여야 할 다리는 어느 것일까? 저 무수한 다리들을 어떻게 통제할 수 있을까? 왜 저렇게 많은 다리가 필요한 것일까?…'

토끼는 놀랍고 어리둥절하고 얼떨떨해서 지네에게 물었다.
"나는 참으로 혼란스럽다. 네가 그 많은 다리들을 어떻게 조종하는지 전혀 상상할 수가 없어. 나는 너처럼 그렇게 많은 다리를 가졌다면 절대로 걸을 수가 없을 거야!"

토끼의 말을 듣고 난 지네는 의아했다.
지네는 지금까지 결코 그런 걸 생각을 해본 적이 없었다. 그리고 자신의 다리 때문에 한 번도 혼란스러운 적이 없었다. 그래서 토끼에게 말했다.
"난 지금까지 내 다리에 대해 심각하게 생각해 본 적이 없어. 전혀 문제가 없었거든!"

그렇지만 이제 토끼의 말을 듣고난 후로, 지네는 자신의 다리에 대해 깊이 생각하기 시작했다. 그는 본인의 문제에 대해 자각(自覺)하기 시작한 것이다.

지네는 자신의 다리를 바라보았다.
'이 무수한 다리들…'

지네는 마침내 당황하기 시작했다.
그는 자신의 존재와 자신의 다리를 만든 조물주에 대해 생각하기 시작했다. 그리고 지금까지 마음속에 존재하지 않았던 불완전과 허무에 대해 생각하기 시작했다.

급기야 지네는 이 문제를 다른 동료들에게 말했고, 다른 동료들 역시 자각(自覺)하기 시작했다.

지네들은 몇날 며칠을 이 문제로 괴로워했으며, 이윽고 이를 극복하기 위한 방법으로 종교를 만들어 신을 숭배하기로 했다.

몇몇 지네들이 신에 대한 교리와 예배의 형식을 만들고, 전 지네류(類)의 구원을 위해 종교를 전파하기 시작했다.

mantra

문제의식이 문제를 만든다.

토끼나 노루, 기린, 비둘기, 개구리, 나비는 자각하지 않는다. 그들은 그냥 존재에 충실할 뿐이다.

인간 역시 자각하지 말고 그냥 존재하면 되는데, 그러기에 그들의 뇌는 너무 진화했다. 그들의 문제의식은 성경을 만들고 불경을 만들고 코란을 만들었다.

털이 난 개구리가 있다고 치자. 개구리는 털이 나서는 안 된다는 관념이 그것을 불완전하게 만든다.
아래로 흐르던 물이 갑자기 산골짜기로 기어 올라가기 시작했다고 치자. 물은 높은 데서 낮은 데로 흘러야만 한다는 관념이 불완전을 초래한다.

남녀의 역할에 대한 고정관념, 성에 대한 고정관념, 지위에 대한 고정관념 등등… 심지어는 정의(正義)나 선악(善惡)에 대한 고정관념이 우리의 삶을 얼마나 틀에 가두고 힘들게 만드는가?

우리는 이래야 한다거나 이래야 옳다는 개념을 적용시킴으로써 삶을 불완전하게 만든다. 모든 것을 있는 그대로, 발생하는 그대로, 변하는 그대로 인정하고 받아들이면 그때는 불완전도 완전이 된다. 그리고 삶이 편해진다. 심지어 인간의 생로병사도 신이 인간의 존재질서 안에 입력시켜놓은 멋진 프로그램이라고 받아들이면 그것은 완벽해진다.

4

자유와 부자유

freedom and restriction

어떤 사람이 현자에게 물었다.

"선생께선 세상의 모든 이치를 다 터득했다고 들었습니다. 어떻게 하면 인생이 자유로워질 수 있을까요?"

그러자 현자가 대답했다.
"그것은 매우 간단하오. 자, 나를 보시오."

그러면서 그는 건물의 기둥 쪽으로 걸어가서 두 팔로 기둥을 끌어안고 소리치기 시작했다.
"도와주시오. 나를 이 기둥에서 풀어주시오!"

그러자 질문한 사람이 놀라서 현자에게 물었다.
"도대체 지금 무슨 짓을 하는 것이오? 아무도 당신을 그 기둥에 묶어놓지 않았소. 그런데 그게 무슨 짓이오?"

현자가 대답했다.
"바로 이것이 내 대답이오. 부자유는 자신이 기둥을 안고 있는 것과 같소. 스스로 기둥을 안고 있으면서 풀어달라고 소리치는 것과 같은 것이오."
그렇게 말하면서 현자는 여전히 기둥을 껴안고 있었다.

질문한 사람이 마지못해 수긍했다.
"이제 어렴풋이 이해했어요. 그러니 사람들이 몰려오기 전에 어서 그 기둥에서 떨어지시오."

그러자 현자가 대답했다.
"나는 당신이 확실히 이해했을 때만 이 기둥에서 떨어지겠소. 안 그러면 나는 죽을 때까지 이 기둥을 안고 있을 작정이오!"

질문한 사람이 탄식하며 말했다.
"맙소사, 내가 한 질문이 이렇게 큰 말썽을 일으킬 줄이야!"

급기야 사람들이 몰려와서 질문한 사람을
비난하기 시작했다.
"당신은 왜 저 사람을 괴롭히는 거요?"

질문한 사람이 변명했다.
"괴롭히다니요, 나는 아무 짓도 안 했소. 난 단지 어떻게 하면 진정한 자유를 얻을 수 있는지 물어봤을 뿐이오. 그랬더니 저 사람이 저렇게 기둥을 껴안고 도와달라고 소리치는 것이오."

질문한 사람과 몰려온 사람들이 실랑이를 벌이는 동안에도 현자는 여전히 기둥을 끌어안은 체 자신을 풀어달라고 소리치고 있었다.

급기야 질문한 사람이 궁지에 몰리자 현자에게 다가가서 극구 사정하며 말했다.
"용서하시오, 내가 잘못했소. 더 이상 나를 놀림감으로 만들지 말고 어서 그 기둥에서 떨어지시오."

그러자 현자는 고개를 돌려 질문한 사람에게 물었다.
"어떻소? 내가 이 기둥을 안고 있는 것이오, 아니면 이 기둥이 나를 안고 있는 것이오? 당신은 어떻게 생각하시오? 그래도 아직 내 말을 확실히 이해하지 못하겠소?"

mantra

돈, 권력, 명예, 애욕, 정욕, 자존심, 지식, 이념…
이런 기둥들은 우리를 안고 있지 않다. 우리가
이 기둥들을 부둥켜안고 놓질 않는 것이다.

아방궁에 앉아 있어도, 샹그릴라 정원에 앉아
있어도 마음이 세상의 진토(塵土)를 껴안고 있
으면 그곳은 여전히 번뇌의 땅이다.
부자유는 스스로 풀 때 자유가 된다.

శ్రీరాము

⑤ 아는 자
Someone who Knowledgeable

제비들이

농가의 지붕 위에 한 줄로 앉아 지저귀면서 따뜻한 여름과 남쪽 나라에 대해 이야기하고 있었다.
왜냐하면 가을이 다가오고 있었고, 북풍이 그들을 기다리고 있었기 때문이었다.

그러던 어느 날,

제비들은 모두 자신들이 이야기하던 남쪽 나라로 날아가 버렸다.

그러자 다른 짐승들은 제비들이 날아간 남쪽 나라를 동경하며 자신들의 장래에 대해 이야기했다.

암탉 한 마리가 말했다.
"내년에는 나도 남쪽 나라로 갈 테야."

해가 바뀌어 제비들이 돌아왔고, 봄과 여름
이 지나갔다.

가을이 다가오자 이제 다시 제비들은 지붕 위에 앉아 남쪽 나라에 대해 이야기했다. 그리고 닭장 안의 닭들은 남쪽 나라로 가겠다던 암탉의 떠남을 걱정했다.

이윽고 어느 날 이른 아침,

북쪽으로부터 찬 바람이 불어왔고, 제비들은 갑자기 하늘 높이 날아올라 그들의 날개로 바람을 안았다.

그렇게 그들은 바람을 타고 높이 솟아올라 하늘의 어두운 먹구름을 뚫고 떠나가 버렸다.

그러자 남쪽 나라로 가겠다던 암탉이 소리 쳤다.
"아, 저 바람은 얼마나 위대한가!"

암탉은 날개를 활짝 펴고 그 위대한 바람을 안으며 닭장 밖으로 달려나갔다. 그리고 길 밖으로 푸드덕거리며 계속 달음질쳤다.

얼마만큼을 달리다 암탉은 숨이 가빠 한 곳에 주저앉았는데, 그곳엔 아름다운 숲과 넓은 호수가 있었다.

암탉은 호수의 놀라운 광경에 취해 그곳의 이곳저곳을 구경했다.

그러다 어둠이 찾아오자 두려움을 느꼈고, 헐떡거리며 닭장으로 돌아왔다.

다음 날 아침,

돌아온 암탉은 동료들에게 남쪽으로 가는 넓은 길과 거대한 세상의 여러 가지 것들을 말해주었다.
보리가 자라는 넓은 땅과 사람들이 사는 마을, 달리는 자동차, 그리고 길 끝에서 발견한 아름다운 호수, 그곳에는 어마어마한 크기의 오리배도 있었다고 말해주었다.

그러자 다른 닭들이 일제히 경이로운 표정으로 말했다.
"와, 너는 정말 대단한 것들을 보고 왔구나!"

추운 겨울이 지나가고 다시 봄이 되자 제비들이 돌아왔다.

그러나 이제 닭들은 남쪽 어느 곳에 망망대해가 있다는 제비들의 말을 들으려 하지 않았다.
"너희들은 우리 암탉의 말을 믿어야 해!"

그러면서 닭들은 너도나도 제비들에게 암 닭이 보고 온 대단한 것들에 대해 자신의 의견을 붙여가며 장황하게 말해주었다.

이제 암탉은 '아는 자'가 된 것이다.

mantra

암탉은 어떤 것, 약간 벗어난 것들을 알게 됨으로써 더 멀리 가는 것이 불가능해졌다. 그것은 오히려 방해물이 된다.

알량한 지식은 한 마리 암탉이다. 그것은 도리어 아주 멀리 갈 수 없게 만든다.

알량한 지식으로 큰 안목을 가리지 말라. 모든 진리는 '나는 모른다'로 시작된다. 작은 지식을 내세우면 그것이 큰 지혜를 가로막고 거짓 경험들을 창조해낸다. 그리하여 그 지식은 마리화나나 필로폰과 같아서, 그 것에 중독될 경우 환각의 세계가 펼쳐지면서 상상의 나래는 제멋대로 날개를 편다. 그러면 우리는 더 이상 진실의 세계에 속하지 못한다. 오히려 자신만의 허상을 창조하여 하나의 얼간이로 전락한다.

6

미(美)와 에고

beauty and ego

인도의 시인 타고르는 배와 강을 무척 사랑했다.

그날은 만월(滿月)의 밤이었다.
그는 배 위에 지은 작은 오두막 안에서 '미(美)란 무엇인가?'라는 명제에 대해 골똘히 생각하고 있었다.

그의 오두막 안에는 미학(美學)에 관한 책들이 많이 있었는데, 그는 동서고금의 모든 책들을 섭렵했다.

'미란 무엇인가?'
이 명제는 세계의 수많은 철학자들과 문학가들과 예술가들이 탐구해온 명제이다.

그날, 타고르도 이 문제에 대해 똑같이 고심하고 있었다.

타고르는 평소에, '어쩌면 신(神)이라는 존재는 진리(眞理)가 아니라 미(美)일지도 모른다'는 계시적인 생각을 가지고 있었다. 진리는 뭔가 논리적으로 느껴지며, 그 말에는 머리를 굴리는 것 같은 느낌이 있기 때문이었다. 그런 이유로 타고르는 신은 진리가 아니라 미일지도 모른다고 생각하곤 했었다.

'미는 느낌이지 논리가 아니다. 그것은 머리에 속하는 것이 아니라 가슴에 속하는 것이다.'
그는 미는 논리보다 사랑에 가깝다고 생각했다. 그래서 신도 그렇지 않을까 생각하곤 했었다.

그날 밤도 타고르는 그것에 대해 깊이 생각하면서 이런저런 책들을 뒤적였다.

밤이 깊어갔다.

타고르는 오두막 안에 있었기 때문에 밖에 펼쳐진 광경, 즉 강과 달빛의 아름다움에 대해서는 까맣게 모르고 있었다.

강물은 밝은 달빛을 받아 은빛으로 빛나고, 강둑의 나무들은 머리를 숙인 채 명상에 잠겨있고, 숲속 언덕으로부터는 정겨운 뻐꾸기 소리가 들려왔다.
그러나 타고르는 이 모든 걸 까맣게 모르고 있었던 것이다.

타고르는 오두막 안에서 피곤함에 지쳐 책을 덮고 촛불을 껐다.

그런데 그 순간, 갑자기 커다란 계시와 깨달음이 그를 덮쳤다. 그가 촛불을 끄자 창문을 통해 엄청난 달빛이 쏟아져 들어와 오두막 안에서 춤을 추었다.

갑작스럽게 일어난 변화, 즉 촛불이 타고 있었기 때문에 달빛이 안으로 들어오지 못하고 있다가 촛불을 끄는 순간 달빛은 순식간에 안으로 쏟아져 들어왔다.

그 순간 타고르는 엄청난 경외감에 사로잡혀 큰 소리로 중얼거렸다.

"나는 이 순간 미(美)가 무엇인지 안다! 나는 누구에게도 이것을 말할 수 없고, 아직 이것을 정의하지 못한다. 그러나 나는 이 순간 아름다움이 무엇인지 안다! 신이 무엇인지 안다!"

그는 오두막 밖으로 뛰쳐나왔다.

그것은 아름다움 그 자체였다. 모든 존재가 축제를 벌이고 있었다.

그는 자신의 노트에 이렇게 적었다.

"얼마나 어리석었던가? 나는 미에 대한 정의를 책에서 찾고 있었는데, 미는 바로 문 밖에 있었다니!… 작은 촛불이 장엄한 달빛을 막고 있었다. 보잘것없는 에고(ego)가 미(美), 즉 신(神)을 가로막고 있었던 것이다. 촛불을 꺼라. 에고의 촛불을 꺼라. 그러면 온 사방으로부터 미(美)가 들어온다. 그리고 우리는 신(神)이 무엇인지 안다. 아름다움이 무엇인지 안다!"

mantra

알레테이아(Aletheia)! 에고의 촛불을 꺼라! 나를 밝힌다는 것, 그것은 바로 나를 끈다는 것이니 한 존재로 하여금 우주가 되게 하는 것.

하찮은 지식과 경험으로 큰 지혜가 들어옴을 가리지 말자. 내가 나 자신을 끌 때 비로소 우주가 내 안으로 들어온다.

알레테이아(Aletheia) : '진리' 라는 뜻을 지닌 헬라어로 '가리어져 있지 않음' 을 의미함

마야
maya

엘리베이터 문이 막 닫히려 하는 순간,

술에 취한 한 남자가 달려와 간신히 엘리베이터에 탔다.

엘리베이터 안은 혼잡했다.

남자한테서 술 냄새가 나자 모두들 그가 술에 취했다는 사실을 알아차렸다. 술 냄새뿐만 아니라 그의 눈은 취해서 동공이 풀린 상태였다.

남자는 얼굴을 똑바로 들고 문 쪽을 바라보려 애썼지만, 자신의 몸이 자꾸만 흔들린다고 느꼈다.

그는 엘리베이터 안의 사람들이 자기를 쳐다보고 있다는 사실을 알아차리고, 어떻게든 실수를 하지 말아야겠다고 생각하면서 이렇게 말했다.
"제가 이 모임을 소집한 이유가 뭔지 궁금해하시리라 생각합니다."

그러자 엘리베이터 안의 모든 사람들이 폭소를 터뜨렸다.

남자는 아침이 되어 술이 깨면, 어젯밤 엘리베이터 안에서 있었던 일을 생각해내고, 자신이 한 행동에 대해 심한 부끄러움을 느낄 것이다.

우리는 과연 남자의 행동을 욕할 수 있을까? … 우리는 태어나면서부터 보고, 듣고, 가르침 받고, 주입되고, 경험한 것들로 취해있다. 그리고 자신이 속한 사회에 공유된 일반적 가치에 취해있다. 하지만 자신이 취해있다는 사실은 잘 알지 못한다.

어느 날, 자신으로부터 거리나 분리를 획득하여 그 취함에서 깨어난다면, 우리는 자신이 마야(maya)에 속해있었음을 발견하고 부끄러움을 느낄 것이다.

마야는 인도 사람들이 생각하는 범속의 삶, 즉 '욕망의 구름으로 덮여 있는 환영'을 말한다.

⑧ 거리나 분리

distance or separation

어느 날,

톨스토이와 체호프가 함께 아침 산책을 하고 있었다.

그들은 길가에서 풀을 뜯고 있는 말 옆을 지나가게 되었다.

톨스토이가 갑자기 말에 대해 이야기하기 시작했다.

체호프는 도저히 믿을 수가 없었다.
왜냐하면, 톨스토이가 마치 말의 마음속을
다 아는 것처럼 말했기 때문이다.

체호프가 물었다.

"선생님은 마치 말의 마음속을 다 알고 있는 것처럼 말하는군요."

그러자 톨스토이가 대답했다.
"오늘 아침, 이 상쾌한 공기와 햇살, 구름…"

이렇게 말하면서 톨스토이는 말이 구름에 대해 어떻게 느끼는지를 설명했다. 그는 마치 자신이 말이 되어서 말하는 것처럼 표현했다.

체호프는 본인이 소설가이지만 지금까지 말이 일상을 어떻게 느끼는지에 대해 생각해본 적이 없었다. 그렇지만 톨스토이는 너무도 진지하게 자신이 마치 말인 것처럼 말하고 있었다.

체호프가 톨스토이에게 물었다.
"선생님은 혹시 자신이 전생에 말이 아니었을까 하는 생각을 해본 적이 있나요?."

그러자 톨스토이가 대답했다.
"오늘 아침, 나는 나 자신 속으로 들어갔고, 다른 모든 것들 속으로도 들어갔어요. 전에는 나는 나를 육체로만 알았습니다. 나 자신을 외적인 어떤 것으로만 알았던 거지요. 그렇지만 지금은 내가 육체에 속해있지 않다는 것을 압니다."

우리는 누구나 자신의 육체 속에 또는 사고 (思考) 속에 깊숙이 빠져 있어 제대로 보지 못한다. 이 가련한 어리석음은 거리나 분리를 획득하기 전에는 깨닫지 못한다.

만약 육체로부터 거리나 분리를 획득한다면, 이 세상에는 아무것도 괴로워하거나 슬퍼하거나 허무해 할 것들이 없다. 다만 음미하면서 살아가기만 하면 된다.

⑨ 믿음과 종교

faith and religion

안식일 전날,

하나님께서 축구경기 시합을 관람하러 가셨다.

수많은 관중이 운집한 가운데 여호와팀과 알라팀이 막상막하의 치열한 접전을 벌이고 있었다.

선취골은 여호와팀의 것이었다. 하나님은 신이 나서 쓰고 간 모자를 공중 높이 던져 올렸다.

잠시 후…

알라팀이 만회골을 성공시켰다.

하나님은 더욱 신이 나서 이번에도 쓰고 간 모자를 공중 높이 던져 올렸다.

그런데 그 때, 하나님 뒤쪽에 앉아 있던 한 사내가 하나님의 어깨를 툭툭 치며 물었다.
"여보쇼, 당신은 도대체 어떤 팀을 응원하는 거요?"

하나님이 뒤를 돌아보며 웃음 띤 얼굴로 대답하셨다.
"뭐, 따로 응원하는 팀은 없습니다. 그냥 경기가 너무 재밌어서요."

그러자 어깨를 툭툭 친 그 사내가 큰 소리로 중얼거렸다.
"이 친구 완전 무신론자군!"

신들린 무당이 있다고 치자. 무당이 신에 들릴 것일까, 신이 무당에게 들린 것일까?

인간의 불완전과 두려움과 영원을 사모하는 마음은 신이라는 위대한 발명품을 탄생시켰다. 여기까지는 아주 좋았다. 신을 중심으로 단합할 수 있었고, 서로 사랑할 수 있었다. 신이 인간에게 신앙이라는 선물을 주자, 인간은 한층 더 성숙해지는가 싶었다.

그러나 일부 인간들이 신앙을 제도화하기 위해 종교를 만들면서 문제와 불행이 시작되었다. 종교는 신을 위한 것이 아니라 그들을 위한 것이었다. 종교가 만들어지고 교리가 분화되면서 이념이라는 사탄이 그 틈을 파고들었다. 그래서 진짜 신이 인간을 찾아왔을 때, 인간은 그 신을 알아보지 못했다. 그리고 인간은 또 다시 불완전이라는 숙명 앞에 방황하기 시작했다.

⑩ 이념과 영혼
ideology and soul

어느 숲속에…

많은 인간을 기르는 악신(惡神)이 있었다.

그 신은 숲속에서 날마다 자신을 위해 살찐 인간 한 명씩을 도살했다.

그러자 인간들은 언젠가는 모두 죽게 된다는 사실을 알게 되었고, 일부 용기 있는 몇몇 인간들은 숲속을 도망쳐 나갔다.

신은 인간들이 자신의 운명을 알아차린 것에 대해 분노했다. 그렇지만 그는 분노를 감추고 한 가지 꾀를 냈다.

그는 인간 한명 한명씩을 따로 불러 이렇게 말했다.
"너는 특별한 인간이다. 너는 예외다. 다른 인간들에게는 어떤 일이 일어날지 모르지만 너에게만큼은 아무 일도 일어나지 않는다."

그래서 그날 이후로는 도망치는 인간들이 없어졌다.
이제 인간들은 바로 옆의 동료가 잡혀가 도살당해도 자기만은 예외라는 믿음을 버리지 않았다.

그러자 신은 이번에는 좀 더 재미있는 놀이를 시작했다.

그는 자기를 대신해서 많은 인간들을 관리할 대리인을 만들기로 했다.

신은 몇몇 인간들을 불러서 말했다.
"너는 이제부터 선택된 인간이다. 너는 나의 이름으로 일하라. 너는 나의 대리자다. 내가 너희들이 하는 일을 보고 은총을 베풀겠다."

그날부터 그 선택된 인간들은 신을 대신해서 동료 인간들을 관리하기 시작했다. 그리고 그것을 제도화하기 위해 그럴듯한 이념을 만들어 신을 찬양했다.

그러자 신은 그런 몇몇 인간들을 더욱 고무하며 칭찬했다.
"너는 나를 도왔고, 나의 나라에 들어갈 것이다. 너희들은 불쌍한 인간들을 돌보았을 뿐만 아니라 타락의 구렁텅이에서 건져냈으며, 기적을 행했다. 너희들은 나와 함께 영생할 것이다."

결국, 많은 인간들은 몇몇 인간들에 의해 관리당하면서 신의 숲으로부터 도망치지 못했다.
그래서 악신은 날마다 자기를 위해 살찐 인간 한 명씩을 도살할 수 있었다.

mantra

악마와 사탄이 함께 길을 가고 있는데, 앞서가던 인간이 허리를 굽히더니 땅에서 무언가를 주웠다.

사탄이 악마에게 물었다.

"뭘 줍는 걸까?"

악마가 대답했다.

"이념의 한 조각이지."

"이념의 한 조각이라고? 그게 뭐지?"

악마가 대답했다.
"어젯밤에 내가 미끼를 던졌는데 그걸 덥석 주운 거야."

"미끼라고?"

"이제 인간은 저걸 주우므로 해서 내 일을 자진해서 하게 될 거야!"

한비자(韓非子) 관행편(觀行篇)에 '목단어자견(目短於自見)'이라는 말이 나온다. 이 말은 '인간이 눈으로 주변 사물은 잘 식별하면서도 정작 자신의 눈 속은 들여다보지 못한다는 것' 즉, '인간이 자신의 선악은 제대로 알지 못한다는 것'을 이르는 말이다.

이념은 집단 최면이다.

인간은 이념이라는 악의 미끼에 낚여 관념의 허상을 만들고 스스로를 도살한다. 종교이념, 정치이념 이런 것들이 얼마나 많은 집단 도살을 자행했는가?

개인의 영혼은 항상 이념의 상위에 놓여야 한다. 그래야 우리는 인생의 숲 전체를 통찰할 수 있다.

⑪ 삶의 의미

meaning of life

어느 날,

'삶의 동산'에서 노자와 공자와 맹자가 이야기를 나누고 있었다.

그때, 한 아름다운 여인이 발가벗은 몸으로 작은 항아리 하나를 들고 나타나서 물었다.
"삶의 주스를 맛보지 않겠어요?"

맹자는 즉시 그녀를 바라보며 꾸짖었다.
"부끄러운 줄 알아라. 삶은 무엇을 맛보는 것이 아니다. 삶은 의미로 가득 차야 한다. 그런데 그런 주스 따위로 우리를 유혹하려 하다니… 당장 이곳을 떠나라!"

그때, 공자가 눈을 반쯤 뜨고 있다가 말했다.
"그 주스를 나에게 조금 다오. 나는 그것을 맛보아야겠다. 나는 삶을 맛보지 않고서 삶에 대해 말하는 것은 허위라고 생각한다."

여인은 공자에게 삶의 주스를 조금 따라주었다.
그러자 공자는 주스를 한 모금 마시고 나서 말했다.
"대단히 쓰군!"

그때, 옆에 있던 노자가 말했다.
"그 주스 항아리를 통째로 내게 다오."

여인이 놀라서 물었다.
"통째로 마실 건가요?"

노자가 대답했다.
"그것이 나의 삶의 방식이다. 삶의 주스를 몽땅 마셔보지 않고서는 삶에 대해 이러쿵저러쿵 말할 수가 없다. 그것은 처음엔 좀 쓸지 모르지만, 나중엔 달 수도 있다."

여인은 노자에게 항아리를 통째로 넘겼다.

삶의 주스를 몽땅 맛보고 난 노자가 말했다.
"공자여, 그대가 틀렸다. 삶이 쓴 것만은 아
니다. 그대는 부분을 통해 전체를 말하지
말라.

그러자 옆에 있던 맹자가 노자의 그러한 주장에 동의할 수 없어 자리에서 벌떡 일어나 다른 곳으로 가버렸다.

이를 본 노자가 말했다.
"저 친구는 삶을 무척 두려워하는군. 처음부터 자기 삶이 어떻게 될까 봐 겁을 먹은 게야."

그러자 공자 역시 노자의 말에 동의할 수 없어 그 자리를 떠나버렸다.

결국, 노자는 혼자 남아 춤을 추기 시작했다.
삶은 전체를 살면서 존재를 형상화하는 것
이라고 생각하면서…

mantra

인생은 한마디로 정의할 수 없다.

영국의 문호 DH 로렌스는 인생에 대해 이렇게 말했다.
"인생이란 살아야 할 신비이며 경험해야 할 실체이지, 대답 되어질 질문이거나 해결되어야 할 문제가 아니다."

인도의 구루(guru) 오쇼 라즈니쉬는 인생의 행, 불행에 대해 이렇게 말했다.

"삶은 한 장면이 다른 장면으로 계속 바뀌는 영상과도 같다. 그런데 한 장면만을 너무 심각하게 받아들이기 때문에 삶이 혼란스럽고 불행하게 느껴지는 것이다.

동양 고전 채근담은 인생을 이렇게 말한다.
"인생에는 괴로울 때가 있고 즐거울 때가 있다. 고락이 서로 접하고 교대하는 가운데 심신이 연마되어 간다. 고락이 교대하여 흘러가는 동안에 숭고한 정신을 얻게 되는 것이 인생의 진정한 모습이다."

인류의 스승 붓다는 인생에 대해 이렇게 말했다.
"우리가 인생에 부여하는 어떤 의미는 그것이 무엇이든 우리가 부여하는 것이다. 모든 의미를 버리면 도(道)는 스스로 드러날 것이다. 그러면 인생은 그 신비스러운 문을 열어줄 것이다.

생애

⑫ 존재의 이유
Reason for existence

어떤 젊은 수학 교수가 아들에게 선물할 퍼즐을 사려고 장난감 가게에 들렀다.

그는 퍼즐의 짝을 맞춰 보려 이리저리 애쓰며 여러 방법을 시도해 보았지만 도저히 맞출 수가 없었다.

그래서 점원에게 물었다.
"수학 교수인 나도 이것을 못 맞추는데, 어떻게 꼬마 애들이 이것을 맞출 수 있겠어요. 잘못된 거 아닌가요?"

그러자 점원이 웃으며 대답했다.
"그 퍼즐은 아무도 못 맞춥니다. 그건 그냥 어린애들이 맞추려 애를 쓰는 데 목적을 둔 것입니다. 완성하는 데 의미를 둔 것이 아니라 애쓰는 데 의미를 둔 것이죠."

유사 이래, 많은 현자들이 '인간은 왜 사는가?' 하는 명제에 답하려 애써 왔으며, 그 고민은 앞으로도 계속될 것이다.

그러나 신(神)은 인간의 삶을 어느 때에 완성되는 것으로 설계하지 않았다. 신은 인생의 의미를 '애쓰는 것 자체'에 두었다.

언제부턴가 인간은 인생의 목적을 '행복추구'에 두기 시작했다. 대부분의 사람들이 별 생각 없이 '행복추구'를 인생의 목적으로 삼고 그렇게 살아간다. 그리고 식자들도 인생의 목적이 행복추구에 있다고 말한다. 그러나 이것은 육체 또는 마음의 결핍을 채우고자 하는 관행적 사고에서 비롯된 것이다.

행복이란 무엇인가? '어떤 조건이나 상황, 욕망의 충족으로 인해 몸이나 마음 또는 정신이 충만감을 느끼는 상태'를 우리는 행복이라고 한다.

그렇다면 과연 인생의 진정한 목적이 '행복추구'에 있는 것일까?

앨버트 아인슈타인은 자신의 삶의 목적에 대해 이렇게 말했다.

"나는 쾌락이나 행복을 삶의 목적 그 자체로 간주한 적이 단 한 번도 없었기 때문에 마음의 기쁨이란 것을 진작 포기했습니다. 오히려 이상적인 것들이 나의 노력을 유발했고, 삶을 가능하게 해 주었습니다. 그것은 선함과 아름다움에 대한 진리입니다. 만일 내가 과학과 예술 안에서 영원히 도달할 수 없는 이상을 좇아 집요하게 매달리지 않았다면 삶은 내게 아무런 의미가 없었을 것입니다.

오늘날 인류는 너무 하찮은 것들에 열중하고 있습니다. 말하자면 부(富)라든가 사치 등에 말입니다. 난 이미 젊었을 때부터 이런 것들을 경멸해 왔습니다.

사람들은 이상하게도 내게 믿을 수 없을 정도의 과분한 감탄과 숭배를 표시합니다. 왜일까요? 그들의 열정이 지닌 공상적인 면 때문입니다. 사람들은 내가 발견한 몇몇 이론들의 결과에 대해서는 칭찬을 보내지만, 그 과정은 잘 모릅니다. 그것은 끊임없는 노력으로 일관된 내 삶 전체를 바쳐 이뤄낸 것들입니다.

무언가를 창조하고 고안해 내기 위해서는 뚜렷한 방향성과 책임성이 있어야 합니다. 내가 볼 때 대개의 집단은 무책임성과 어리석음과 우둔함의 사슬에 묶여 있는 반면, 아름다움을 창출해내고 숭고한 것을 고양시키는 쪽은 책임감이 강하고 자유롭고 감수성이 뛰어난 개인입니다.

나는 생명의 신비에 감탄하지 않은 적이 없습니다. 나는 직관을 통해서 존재의 놀라운 신비를 바라보고 있습니다. 존재를 이해하려는 노력이 좀 서툴다손 치더라도 나는 나의 존재의 이유가 내 삶 안에서 드러나야 한다고 생각합니다."

⑬ 개화(開化)

Be enlightened

어느 날,

쇼펜하우어가 산책을 하다 길가에서 우연히 아름다운 들꽃 한 송이를 발견했다.

그는 꽃의 아름다움에 취해 꽃에게 말했다.
"들꽃이여, 너는 참으로 아름답구나. 그러나 너와 너의 모든 친구는 피어나기가 바쁘게 곧 시들어버리니, 너의 아름다움도 너의 완벽함도 사람들의 관심을 끌지 못하는구나."

그러자 들꽃이 대답했다.

"당신이야말로 참으로 바보군요. 당신은 내가 사람들의 관심을 끌기 위해 꽃을 피운다고 생각하세요? 나는 나 자신을 위해 꽃을 피울 뿐, 사람들을 위해 꽃을 피우지 않아요. 꽃을 피우는 일은 나 자신을 즐겁게 하기 위한 것이죠. 나의 환희와 기쁨은 나의 존재의 개화(開化)에 있기 때문입니다."

풀이 나무의 꽃이 피어나는 것을 '개화(開花)'라고 한다. 쇼펜하우어가 꽃에게 말한 '피어남'은 개화(開花)이다.

사람의 지혜가 열려 새로운 사상이나 영혼을 가지게 되는 것을 '개화(開化)'라고 한다. 꽃이 쇼펜하우어에게 말한 '피어남'은 개화(開化)이다.

지혜로운 사람은 자신의 존재를 개화(開化)한다.

⑭ 내 안의 정체성
Identity within me

자동차왕으로 불리는 미국의 거부 헨리 포드가 영국에 갔을 때의 일이다.

그는 공항에 있는 안내소에 들러 안내원에게 그 도시에서 가장 값싼 호텔이 어디냐고 물었다.

안내원이 그를 바라보았다.
유명한 얼굴이었다. 그 당시 전 세계에서 헨리 포드를 모르는 사람은 거의 없었다. 게다가 바로 전날 그가 영국을 방문한다는 신문 기사가 대문짝만하게 실렸던 터였다.

그런데 안내원이 바라본 헨리 포드는 낡은 코트를 입은 남루한 행색이었다. 그래서 그는 자신이 잘못 본 게 아닌가 싶어 그에게 물었다.
"선생님은 혹시 자동차왕 헨리 포드가 아니신가요?"
헨리 포드가 대답했다.
"예, 제가 헨리 포드 입니다."

안내원이 반색하며 말했다.

"그렇군요… 작년에 회장님의 아드님도 이 곳에 들른 적이 있습니다. 아드님은 이 도시에서 가장 비싼 호텔이 어디냐고 물었었는데, 회장님은 가장 값싼 호텔이 어디냐고 물으시는군요."

그러자 헨리 포드가 대답했다.

"그런 일이 있었나요? 사실 저도 제 아들이 과시적이란 걸 잘 압니다. 그건 지금 그 애의 방식인데, 아직 인생에 미숙해서 그렇습니다. 어쨌든 저로선 가장 좋은 호텔에 묵어야 할 필요가 없습니다. 저는 가장 값싼 호텔에 묵어도 헨리 포드이고, 가장 비싼 호텔에 묵어도 헨리 포드입니다. 아직 인생에 미숙할 때는 외부의 어떤 것으로 자신의 정체성을 드러내려고 합니다. 그러나 인생에 성숙해지면 내면의 것이 자신의 진짜 정체성임을 알게 됩니다."

〈백만장자 시크릿〉의 저자 하브 에커는 이렇게 말했다.

"뿌리는 열매를 창조한다. 만약 당신이 열매(결과)를 변화시키고자 한다면 당신은 제일 먼저 뿌리(원인)를 변화시켜야 한다. 만약 당신이 눈에 보이는 것을 변화시키고자 한다면 당신은 제일 먼저 눈에 보이지 않는 것을 변화시켜야 한다.

돈과 부는 결과이다. 건강과 질병은 결과이다. 당신의 몸무게는 결과이다. 우리는 원인과 결과의 세계에 살고 있다. 내 안의 세계가 내 바깥 세계를 창조한다."

15 감사와 선물

gratitude and present

어느 날,

오아시스는 눈을 들어 자신의 주변을 둘러보았다.

그러나 사방을 둘러보아도 주위에는 황량한 사막뿐 아무것도 보이지 않았다.

오아시스는 탄식하며 말했다.
"나는 참으로 불행하고 외로운 존재로구나. 이토록 외롭게 혼자 지내야 하다니! 나같이 불행한 존재는 없을 거야. 풀 한 포기 없는 황량한 사막만이 나를 둘러싸고 있어! 누구도 나를 알아주지 않는 이 외로움 속에서 나의 푸르름과 아름다움과 풍요로움이 다 무슨 소용이 있단 말인가?"

그러자 오아시스의 늙은 어머니인 사막이 말했다.
"나의 착한 아이야. 만일 네 주위가 황량하고 메마른 사막이 아니라 푸르르고 풍요로운 숲이라고 치자. 그럼 너는 무엇이냐? 너는 더 이상 오아시스가 아니다. 멀리서부터 뜨거운 사막을 힘겹게 가로질러 온 지친 나그네들이 고맙게 여기는 그런 오아시스가 아니라, 단지 숲의 일부에 지나지 않는 그런 존재일 것이다. 그러니 너는 너의 특성과 존재 가치에 대해 새로운 눈을 뜨고, 너를 있게 한 신의 섭리에 감사해야 한단다."

〈신과 나눈 이야기〉의 저자 닐 도널드 월시는 자신이 신으로부터 들었다는 말을 이렇게 적었다.

"너희는 너희가 간청하는 것을 갖지 못할 것이며, 너희가 원하는 어떤 것도 가질 수 없을 것이다. 너희의 요구 자체가 결핍에 관한 진술이며, 뭔가를 원한다는 진술은 정확히 그런 체험, 곧 결핍을 자신의 현실에 만들어내는 작용만 할 뿐이다. 그러므로 올바른 태도는 간청의 태도가 아니라 감사의 태도이다. 너희가 현실에서 체험키로 선택한 것에 대해 미리 나에게 감사할 때, 사실상 너희는 그것이 실제로 있음을 인정하게 될 것이다. 따라서 감사는 나에게 보내는 가장 강력한 진술, 너희가 청하기도 전에 내가 먼저 대답해주는 하나의 활약이다. 그러므로 너희는 간청하지 말고 먼저 감사하라."

코카콜라 회장을 지낸 더글러스 태프트는 어느 해 신년사에서 이렇게 말했다.

"인생은 저글링(juggling), 즉 공중에서 5개의 공을 돌리는 것과 같습니다. 각각의 공은 일, 친구, 가족, 건강, 그리고 영혼입니다. 살다 보면 일이나 친구라는 공은 고무공과 같아서 떨어뜨려도 바로 튀어 오른다는 것을 알 수 있습니다. 그러나 다른 3개의 공, 즉 가족, 건강, 그리고 영혼은 유리 공과 같아서 만일 이중 어느 하나라도 떨어뜨리면 공은 상처 입고 깨지고 심지어는 흩어져 버려 다시는 전과 같이 될 수 없음을 알게 될 것입니다.

여러분은 이 사실을 명심하고 여러분의 인생에 있어서 5개의 공들을 잘 균형 잡기 위해 노력해야 합니다. 그럼 어떻게 하면 균형을 잘 유지할 수 있을까요?

첫째, 자신을 다른 사람들과 비교함으로써 자신을 과소평가하지 마십시오. 왜냐하면, 우리 각자는 서로 모두 다르고 특별한 존재이기 때문입니다.

둘째, 자신의 목표를 다른 사람이 중요하다고 생각하는 것에 두지 말고 나 자신이 중요하다고 생각하는 것에 두십시오.

셋째, 가까이에 있는 것들을 당연하게 생각하지 마십시오. 그것들에 충실하세요. 아주 가까이 있는 것들이 없는 우리의 삶은 무의미한 것입니다.

넷째, 과거나 미래에 집착해서 삶의 하루하루가 손가락 사이로 빠져나가게 하지 마십시오. 어느 하루도 똑같은 날이 없는 것처럼 인생의 모든 날들은 소중한 것입니다.

다섯째, 아직 살아있다면 절대 포기하지 마십시오. 노력을 멈추지 않는 한 아무것도 진정으로 끝난 것은 없습니다.

여섯째, 자신이 완전하지 못하다는 것을 인정하기를 두려워하지 마세요. 자신을 묶어버리는 것은 자신의 불완전성이 드러나는 것에 대한 두려움입니다.

일곱째, 위험에 부딪히는 것을 두려워하지 말고 그것을 자신의 용기를 시험할 수 있는 기회로 삼으십시오.

여덟째, 시간이나 말을 함부로 사용하지 마세요. 시간이나 말은 다시는 주워 담을 수 없는 것들입니다.

아홉째, 찾을 수 없다고 말함으로써 자신의 인생에서 사랑의 문을 닫지 마세요. 사랑을 얻는 가장 빠른 길은 사랑을 주는 것이고, 사랑을 잃는 가장 빠른 길은 사랑을 너무 꽉 쥐고 놓지 않는 것이며, 사랑을 유지하는 최선의 길은 그 사랑에 날개를 달아 주는 것입니다.

열째, 자신이 어디에 있는지도 모르고 어디를 향해 가고 있는지도 모를 정도로 미련하게 부지런을 떨지 마세요. 부지런함에 앞서 올바른 방향을 잡는 것이 훨씬 더 중요합니다.

이상 열 가지 지침은 우리의 삶을 보다 나은 길로 인도하는 지침이 될 것입니다. 인간에게 진정 필요한 감정은 고맙다고 느끼는 것입니다. 인생은 경주가 아니라 그 길을 한걸음 한걸음을 음미하며 나아가는 여행입니다. 어제는 역사이고, 내일은 비밀이고, 오늘은 선물입니다. 그러기에 우리는 현재(present)를 선물(present)이라고 부릅니다."

그렇다. 성공은 무엇을 대단히 이루거나 가진 결과가 아니다. 성공은 진행 선상에서 정의돼야 한다. 균형과 방향성을 유지하며 감사하는 마음을 가지는 상태, 그것이야말로 진정한 성공이다.

서명(sign)

ticket of wisdom